活脳メガドリル200

入門編
応用編

内海邦一

ブックデザイン　大森裕二

これまで私は放送作家として、多くのクイズ番組を手がけてきました。「マジカル頭脳パワー!!」「クイズ$ミリオネア」「サルヂエ」「ガリベン!」など。普通、放送作家というのはクイズ番組以外にも、報道番組、バラエティ番組、情報番組、ドキュメンタリー、子ども番組とありとあらゆるジャンルの番組に関わります。

ところが、私の場合「マジカル頭脳パワー!!」という、一世を風靡したクイズ番組に参加できたおかげで、それ以来〝クイズの内海〟という看板みたいなものをささやかながら掲げることができるようになり、その後もコンスタントに、名だたるクイズ番組に参加することになったのです。

そんな私に、牧野出版の佐久間社長が「クイズのプロとして、クイズの集大成のような本を出さないか」と声をかけてくださり、この「活脳メガドリル」シリーズは誕生しました。

世にあるクイズをジャンル分けし、それぞれにベストだと思われる問題を、これまでに関わった番組の問題はもちろん、クイズやなぞなぞの出版物などから選りすぐりました。

入門編、応用編から成る本書「活脳メガドリル200」。ある・ない&名前シャッフルクイズ編、絵解き・謎解き編、知恵の3択・知識の4択編から成る「活脳メガドリル300」。

どちらの一冊も、クイズを解く楽しみだけでなく、人生のあらゆる場面で活用できる、〝ひらめき〟のヒントや〝発想法〟がたっぷり詰まった、使えるシリーズに仕上がったと自負しております。

最後に、今回「活脳メガドリル」シリーズを出版するにあたり、さまざまなクイズ番組でともに頭をひねり、クイズ問題をひねり出してきた「活脳」作家仲間である、M・SHINJI氏、杉浦良治氏、水野圭祐氏、及川哲郎氏、田上歳三氏に問題収集や問題作成などの面で力をお借りしたことを記しておきます。

内海邦一

100

入門編

はじめる前に

本編では、なぞなぞの基本となる「ダジャレ」をベースにした問題をセレクトしました。まずは本書をより楽しんでいただくために、なぞなぞの解き方を伝授しましょう。実は、なぞなぞは大まかに分類すると、2つのタイプに分けられます。
次の2つの問題を見比べてみてください。

〈タイプ❶〉

Q　オナラをするなら夜、と決められている外国の都市は？

A　バンコク

解説：晩(に、屁を)こく

〈タイプ❷〉

Q　ウシはウシでも、人間の頭に乗るのが仕事の、軽いウシは？

A　帽子

解説：ボウシ

2つの問題文と答えの関係をよく観察してみましょう。
❶の「オナラをするなら夜、と決められている」の部分は事実とは異なること、フィクションです。実際に、バンコクにそんな法律があるわけではありません。一方で「外国の都市は？」という問いかけに対して「バンコク」と答えるのは、実際にバンコクは実在する都市ですから、ノンフィクションです。
つまり、タイプ❶は、「フィクションの問題文に、ノンフィクションで答える」形式であるといえます。

これに対しタイプ❷は、「（帽子が）人間の頭に乗るのが仕事の、軽い」というのは、帽子全般の性質を表している事実、ノンフィクションです。

ところが、「（軽い）ウシは？」と聞かれて、実際は「ウシ（牛）」でない「帽子」が正解になるのですから、解答部分はフィクションによって成立していると考えられます。

つまり、タイプ❷は「ノンフィクションの問題文に対し、フィクションで答える」という形をとります。

この❶と❷のタイプの違いを見極めることが、なぞなぞを解くための最大のカギとなります。

❶と❷では、頭の使い方が大きく異なってくるのです。

では、タイプ❶から具体的に解いてみましょう。

問題文を読むと、答えとして求めている「外国の都市」を限定するキーワードは「オナラをするなら夜と決められている」の部分であることがわかります。

タイプ❶の解法の基本は「置き換え」です。

意味を変えずに、何か別の表現に置き換えていく作業です。

「オナラをする」を置き換えると「放屁、屁をする、屁をこく」。これが「夜と決められている」わけですから、「夜」を置き換えて「晩、ナイト、夜間…」。

求められている答えが「外国の都市」なので、これを頭の隅に置きつつ、「夜、晩、ナイト、夜間」＋「放屁、屁をする、屁をこく」から連想できる都市名を探していくことになります。

すると、「晩」に「屁をこく」の組み合わせから「晩こく」で、「バンコク」が思い浮かべば、正解！です。

では、タイプ❷はどう解けばいいのでしょうか。

カギを握るのは「ウシはウシでも」という、タイプ❷のなぞなぞでよく見る決まり文句です。「このなぞなぞは、本当の牛の話ではない、つまりフィクションなんですよ」というルール説明をすると同時に、もう一つ重要なことを表しています。

それは、正解が「ウシで終わることばである」ということです。

そこで、もう一つのカギである「人間の頭に乗るのが仕事の、軽い」を頭の隅に置き、頭の中を電子辞書の「後方一致」機能に切り替えて、「うし」で終わることばを探していきます。

「あこうろうし（赤穂浪士）」「いっすんぼうし（一寸法師）」「いっぽんぢょうし（一本調子）」「えいきゅうし（永久歯）」「けんとうし（遣唐使）」「ほうそうし（包装紙）」……「ぼうし」でビンゴです。

では、「ウシはウシでも…」でモウ一問。

Q　ウシはウシでも、本物の牛から一番嫌われているウシは？

正解は本文でご覧ください。

Q1

ウシはウシでも、
本物の牛から一番嫌われているウシは?

A1

闘牛士

解説

牛を痛めつけるのは闘牛士
↓闘牛士
↓とうぎゅうし

Q2

すべての生き物の中で「一番フレッシュな動物」といわれているものは何？

A2

ナマケモノ

解説

「一番フレッシュ」＝生
「動物」＝けもの
↓生＋けもの
↓なまけもの

Q3

ドジョウが大嫌いで、ドジョウを見ると「あっちに行け」とばかりに追い払ってしまう芸能人は誰？

A3

宍戸錠

解説

ドジョウを追い払う
↓「しっ、しっ、ドジョウ」
↓ししどじょう

Q4

スポーツの指導者ばかりが集まっている県はどこ？

A4

高知県

解説

スポーツの指導者
＝コーチ

Q5

行く先々で「おめでとう!と言ってくれ」とせがまれる県はどこ?

A5

岩手県

解説

おめでとう！と言ってくれ
↓祝ってくれ
↓いわって
↓いわて

Q6

脱いだ服を、絶対にハンガーにかけない県はどこ？

A6

福岡県

解説

服を（ハンガーに）かけん
↓ふくをかけん
↓ふくおかけん

Q7

今私は、四国のとある県を旅行中です。
さて、とある県とはどこ？

A7

徳島県

解説

四国の「とある県」
↓
「『と』ある県」
↓
四国で「と」がある県は？
↓
とくしまけん

Q8

ある都市を目指して走るトラックの一団。
その数、999台。
このトラックがもうすぐ着く、
ある都市とはどこ?

A8

仙台

解説

今999台だから
もうすぐ1000台
↓「もうすぐせんだい」

Q9

東京のある区では、
トンカツはすべて四角い形をしているという。
さて、これはいったい何区?

A9

葛飾区

解説

カツ四角

↓

かつしかく

Q10

何を聞かれても「これからだ」と答えるアフリカの国はどこ？

A10

コンゴ

解説

これからだ
↓今後
↓こんご

Q11

学校の中で、そこを通った人がみんな老け込んでしまう場所といえばどこ?

A11

廊下

解説

老け込んでしまう
↓老化
↓ろうか

Q12

落ち着いて探した方が見つかるのが探し物、
逆にあわてたときに見つかるものは?

A12

蓋（ふた）

解説

あわてる
↓あたふたする
↓あたふた
↓あった！フタ

Q13

誕生日のお祝いに、友だちの家まで行くことに。
さて、どんな交通手段で行けばいい？

A13

バス

解説

誕生日＝バースデー
↓ばーすでー
↓ばすで

Q14

結婚すると、決まって男性の名字を名乗るようになる動物って何?

A14

オットセイ

解説

結婚した男性の名字
＝夫の姓
↓おっと（の）せい

Q15

海の魚たちが製作した映画で、
監督を務めたのは誰？

A15

エイ

解説

映画監督
↓
エイが監督

Q16

揉んだり叩いたりすればなくなるのが肩コリ。
では、コリはコリでも、
いつまでもお店からなくならないコリって何？

A16

売れ残り

解説

お店からなくならない
↓うれのコリ

Q17

石で貝を割るのはラッコ。
では、ラッコはラッコでも、
石で他人の家の窓ガラスを
割るのはどんなラッコ？

A17

いたずらっ子

解説

いたずらっこ

Q18

食事のとき、ちゃんとテーブルの上に置いたのに
「置いていない」
と、文句を言われてしまうものは何？

A18

おかず

解説

置いていない
↓置かず
↓おかず

Q19

愛人を連れて北海道のある都市を不倫旅行中、
バッタリ女房と鉢合わせ。
思わず叫んでしまったその都市の名は何？

A19

稚内

解説

「わっ！家内」↓わっかない

Q20

そこへ行くと、
誰でも体がかっかと熱くなってくるという。
それはどこ？

A20

ホテル

解説

かっかと熱くなってくる
↓火照る
↓ほてる

Q21

ある人が交番で道を尋ねた。
お巡りさんの答えは「それは10ｍ先」。
尋ねたのは誰の家への行き方？

A21

先生の家

解説

10m＝1000cm
↓せんせんち
↓せんせえんち
↓先生ん家

Q22

「お坊ちゃま」や「箱入り娘」が知らない色ってどんな色？

A22

黒

解説

お坊ちゃまや箱入り娘は
「苦労知らず」
↓「くろうしらず」
↓「くろ知らず」
↓「黒知らず」

Q23

理科の宿題で、
人体解剖図のイラストを描くことに。
さて、一番最後に描いた内臓は何？

A23

胃

解説

イラスト
↓いラスト
↓胃ラスト

Q24

歯医者さんがときどきパーティーに呼ばれてするアルバイトって何？

A24

司会

解説

歯医者さん＝歯科医
↓
しかい

Q25

週に2日、火曜と木曜しかしゃべらないのはどんな人？

A25

寡黙な人

解説

火曜と木曜
↓火、木
↓かもく

Q26

民主党が野球チームを結成。ピッチャーを務める人の役職は何？

A26

党首

解説

ピッチャー＝投手

↓

とうしゅ

Q27

良質の紅茶を飲みたくなるのは、
何という映画を観たとき?

A27

E・T・

解説

良質の紅茶
↓良いティー
↓イーティー

Q28

アルコールがほとんど入っていないお酒の値段はいくら？

A28

4円

解説

アルコールが入っていない
↓酔えない
↓酔えん
↓よえん

Q29

穴の空いたお鍋の値段はいくら?

A29

2円

解説

穴が空いていたら煮えない
↓煮えん
↓にえん

Q30

船が沈没し、乗組員全員が救命ボートに。
しかし、10人いた乗組員のうち、
1人だけ乗れなかった。いったいなぜ？

A30

ボートの定員が9名だったから

解説

救命ボート
↓きゅうめいボート
↓9名ボート

Q31

ロボットが食事の途中で
急に動かなくなってしまった。
何をなめたのが原因?

A31

コショウ

解説

急に動かなくなる
↓故障
↓こしょう

Q32

愛妻弁当に必ず入っている調味料は何？

A32

砂糖

解説

愛妻弁当
↓あいさいべんとう

Q33

下水道の点検は、
週に3回行われることになっている。
それは何曜日？

A33

月曜日
水曜日
土曜日

解説

下水道
↓げすいどう
↓げすいど
↓げつ、すい、ど
↓月、水、土

Q34

魚の鯛にとって、この地球で一番危ない所ってどこ?

A34

大気圏

解説

鯛、危ない
↓鯛危険
↓たいきけん

Q35

素っ裸のお米に
「パンツをはかないの？」
と聞いたら何と答える？

A35

「はかない（はくまい）」

解説

素っ裸のお米＝白米
↓
はくまい

Q36

万が一そこに落ちても、絶対に声を出してはいけない場所はどこ？

A36

肥溜め

解説

声を出してはいけない
↓声ダメ！
↓こえだめ

Q37

赤ちゃんを産んだら、
体重が15キロも増えた。
なぜ？

A37

産後だから

解説

産後
↓さんご
↓3×5＝15
（さんご じゅうご）

Q38

10秒待ってから食べた方がいい野菜って何?

A38

トマト

解説

10秒待とう
↓十待とう
↓とおまとう
↓とまと

Q39

「昨日の朝スキューバダイビングをした人」

「今日の夜スカイダイビングをする人」

「明日の昼ロッククライミングをする人」

この中でもうすぐ結婚するのは誰？

A39

今日の夜スカイダイビングをする人

解説

この人は「今夜、空中」
↓こんやくうちゅう
↓こんやくちゅう
↓婚約中

Q40

シンクロナイズドスイミングの選手に
インタビューをお願いしたら、
きっぱり断られるはめに。
何と言って断られた？

A40

「話せん」

解説

シンクロだけに「鼻栓」
↓
「はなせん」

Q41

食べ物を見たとき、
誰よりも先に噛みついた芸能人は誰?

A41

神田正輝

解説

誰よりも先に噛みついた
↓真っ先に噛んだ
↓かんだ真っ先
↓かんだまさき

Q42

サイが富士登山をするときに、
必ず持っていくものは何？

A42

財布

解説

サイ、富士山
↓さいふじさん
↓さいふ持参
↓財布持参

Q43

気温が0℃以下になると世界を支配するといわれている動物って何？

A43

ヒョウ

解説

0℃以下＝氷点下
↓ひょうてんか
↓ヒョウ、天下

Q44

予期せぬボーナスが出た日に、奥さんが出してくれる料理って何?

A44

マーボーナス

解説

予期せぬからビックリ
↓「まあ、ボーナス！」
↓マーボーナス

Q45

始めたら、一生ずーっと人を殴り続けるという運動会の競技って何？

A45

障害物競走

解説

一生殴る
↓生涯殴る
↓生涯ぶつ
↓しょうがいぶつ
↓障害物

Q46

おなか、デカい、終わる
この3つの言葉から連想する動物って何？

A46

ラッコ

解説

「おなか、デカい、終わる」をつなげて読むと「おなかで貝を割る」に聞こえる。

Q47

引退して、もう二度とピアノを弾かないと決意したピアニストがする髪型って何？

A47

モヒカン

解説

もう二度とピアノを弾かない
↓もう弾かん！
↓もうひかん
↓モヒカン

Q48

オナラによく似たニオイがするのはどんなお金?

A48

へそくり

解説

オナラによく似た
↓屁、そっくり
↓へそくり

Q49

宅配便のお兄さんが仕事中に思わず蹴りたくなる動物って何？

A49

トド

解説

宅配便のお兄さんの仕事は
「届ける」こと
↓届ける
↓とど ける

Q50

いくら作りたてでも、「古い！」とビックリされてしまう食べ物は？

A50

ワッフル

解説

「古い！」とビックリ
↓「わっ、古い！」
↓「わっふる！」

ナゾナゾクリノススメ

なぞなぞを解いたことはあっても、作った経験があるという人はかなり少ないのではないかと思います。この本を買っていただいたのも何かの縁。せっかくのチャンスですから、一度「なぞなぞ作り」に挑戦してみませんか。

私は、クイズ番組に若手構成作家チームを率いて参加することがよくあるのですが、その若手構成作家チームの中には、クイズ番組に参加するのが初めて、という人も結構います。そんな彼らにクイズ問題作りのノウハウを伝授するのも私の仕事の一つです。そんなとき、私はテキストを作って教えています。

ここでそのテキストの一部、「なぞなぞ作りの基本」をご紹介しましょう。これはあくまでも部外秘ですので、この本を他人に貸し出すことは厳禁ですよ。「なぞなぞ作りの方法を知りたい!」というお友だちには、この本を〝買う〟ことをオススメしてください(笑)。

基本中の基本ともいえる「ダジャレ」をベースにしたなぞなぞの作り方

手順1　初めに「ことば」ありき。

まず、なぞなぞにしてみたいことばを選ぶ。頭に思い浮かぶものを片っ端からなぞなぞにするのも一つの方法だが、ここでは、〝今までになぞなぞとして取り上げられることがなかったようなことば〟を使ってチャレンジしてみる。

例えば「国連」。

手順2 これを「ひらがな」に変換する。

国連　↓　こくれん

手順3 可能な限りの「ダジャレ」を考える。

ダジャレ作りのコツは、もとの意味を忘れて「単なる音」として見る（聞く）こと。すると、「こくれん」から別のいろいろなことばが見えてくる。

❶ こくれん↓子くれん…子どもをくれない
❷ こっくれん↓コック連…コックさんの連合
❸ こっくれいえん↓コック0円…コックさんは◯◯が0円
❹ こくれーん↓黒レーン…ボウリング場になぜか黒いレーン
❺ こくれん↓告れん…告白できない

手順4　もとのことば（「国連」）とダジャレをつなぐ「ストーリー」を考える。
（もし、よいダジャレが思い浮かばない場合、そのことばは捨て、新たなことばでチャレンジする）

❶ 国連（では、どんなに頼んでも）子をくれん
❷ コック連が国連（ビルの食堂を見学した）
❸ 国連（ビルの食堂の）コック（さんは給料が）0円
❹ 国連（ビルにあるボウリング場はなぜか）黒いレーン
❺ 国連（に勤める人たちは内気が多く、好きな人にも）告れん

手順5　「ストーリー」から問題文を組み立てる。もとのことばかダジャレのどちらかが「問題文」に入り、もう一方が「正解」となる。

❶ どんなに頼んでも絶対に子どもをくれないのはどこ？
　正解：国連
❷ コックさんの団体がアメリカ旅行で必ず見学するのはどこ？
　正解：国連
❸ 国連ビルの食堂で働くコックさんの給料はいくら？
　正解：0円

❹ 国連ビルの中にあるボウリング場のレーンは何色？

正解：黒

❺ 好きになっても告白できない内気な人たちが勤める職場といえばどこ？

正解：国連

手順6 問題文に無理がなく、元のことばから遠い世界を描き、ロマンと納得感にあふれる問題文を採用する。

ここでは❺がベスト。

最後に、私が考える良い「なぞなぞ」の条件を挙げておきます。

- 問題文を聞いた（見た）だけで、その情景が目に浮かぶもの
- 目に浮かんだ情景やストーリー展開に、ユーモアが漂うもの
- 答が分からないと悔しいもの
- 他人に先に答えられてしまうと悔しいもの
- 答が分かったとき、最高に嬉しいもの
- 答を聞いたとき、「やられた！」と思うもの
- 明日さっそく学校や職場で仲間に出題したくなるもの

●頭にすっと入って記憶に残るもの
●口に出して言ったとき、心地よいリズムが感じられるもの

どうです。「なぞなぞ作り」という作業、意外に刺激に満ちた行為だとは思いませんか。

脳の中の今までに一度も使ったことのない部分が刺激され、脳全体が活性化されたのではないでしょうか。

Q51

「虫歯の人」、「胃炎の人」、「痔の人」

吸血鬼に襲われないのは誰?

A51

痔の人

解説

痔の人は「座れない」
↓血を「すわれない」

Q52

素晴らしい物語を読みながら行うゲームって何？

A52

椅子取りゲーム

解説

素晴らしい物語
＝良いストーリー
↓いーすとーりー
↓いすとり

Q53

頭痛の人、腹痛の人、腰痛の人。
いっしょに食事をすると
おごってくれるのは誰？

A53

腹痛の人

解説

腹痛＝腹が痛い
↓はらいたい
↓払いたい

Q54

目的地まで240時間もかかって
移動するのは何新幹線?

A54

東海道新幹線

解説

240時間（で）移動
＝10日（で）移動
↓とおか いどう
↓とうかいどう

Q55

お尻の肉がぷりぷりの人はどんな性格?

A55

決断力がある

解説

お尻の肉(が)ぷりぷり
↓ケツ(に)弾力がある
↓けつだんりょくがある

Q56

虫たちがみんなそろって海外旅行。
ただし、一匹だけ参加しなかった虫がいた。
その虫の名前は何？

A56

蚊

解説

海外旅行
↓かいがい旅行
↓か（蚊）以外旅行

Q57

会うときは、必ず23時と決めている
二人の職業は何と何？

A57

獣医、知事

解説

23時＝11時
↓じゅういちじ
↓じゅうい、ちじ

Q58

お風呂でシャンプーすると
なぜかオナラがたくさん出る。
さて、オナラは何発出る?

A58

1000発

解説

シャンプーする＝洗髪
↓
せんぱつ

Q59

普通に走るときは時速40㎞。
誰かを追いかけるときは時速80㎞。
この乗り物は何?

A59

オートバイ

解説

追うときは時速が2倍
↓追うと（速さが）倍
↓おうとばい

Q60

記憶喪失になった人が探し求める飲み物って何？

A60

ココア

解説

記憶喪失になった人の定番
セリフ「ここはどこ？」
↓「ココアどこ？」

Q61

ヨーロッパを旅行中のお父さんが、
何者かに誘拐されてしまった。
お父さんが誘拐された場所はどこ?

A61

地中海

解説

父誘拐
↓ちち ゆうかい
↓ちちゅうかい

Q62

参加すると、怖いお兄さんが出てきてキスをしろと脅かされるイベントは何？

A62

抽選会

解説

怖いお兄さんが言った言葉は「チューせんかい！」。

Q63

勝ったときにする行為なのに、
みんなで声をそろえて
「完全に負けたー」
と言いながらすることって何？

A63

乾杯

解説

完全に負けた
↓完敗
↓かんぱい

Q64

そこで踊ると、なぜか踊りがゆっくりになっちゃう場所がある。それってどこ？

A64

大通り

解説

「踊り」をゆっくり言うと
「お～ど～り」。

Q65

他の虫たちから、「裏切り者だ！」とののしられている虫って何？

A65

クモ

解説

「裏切り者」といえば「スパイ」

↓スパイだ!

↓スパイダー＝くも

Q66

朝ごはんがないことに気がついたギャルが、
思わず口にした一言とは何？

A66

超ショック〜

解説

朝ごはん＝朝食
↓ちょうしょく
↓ちょうしょっく

Q67

どんなに年数が経っても、
新しく発売されたときのままの食品がある。
それはどんな食品？

A67

乳製品

解説

新しく発売されたときのまま
↓新製品
↓ｎｅｗ製品
↓にゅうせいひん

Q68

そこに入った途端、
髪の毛がなくなってしまうという
不思議な部屋がある。
その部屋の名前は何？

A68

化粧室

解説

髪の毛がなくなってしまう
↓毛、消失
↓けしょうしつ

Q69

電器屋さんであるものを買うと、女の子が特典として付いてきた。買った家電製品は何？

A69

除湿機

解説

女の子が付いてきた
↓女子付き
↓じょしつき
もし、お菓子が付いてきたら「加湿器（かしつき）」。

Q70

貧乏な人が英語を勉強した。
一番最初に習ったアルファベットは何？

A70

C

解説

貧乏
↓貧しい
↓まずしー（C）

Q71

あるものを見て興奮した奥さんが「あなた」「あなた」「あなた」「あなた」と叫んだ。奥さんが見たものはいったい何？

A71

UFO

解説

「あなた」＝you
↓4回叫んだので
you×4
↓ユーフォー

Q72

オシッコを1日に2回しかしない人の職業は何？

A72

小児科医

解説

オシッコ2回
↓小（便）2回
↓しょうにかい

Q73

コーチが選手に
「オリンピックで優勝するんだ！」
と言いながら、
あるものを練習メニューに取り入れた。
それは何？

A73

筋トレ

解説

「オリンピックで優勝」
↓金メダルを取れ
↓金取れ
↓きんとれ

Q74

動物園の動物たちを一列に整列させたところ、
一番後ろにいた動物が突然、Hなことを始めた。
その動物の名前は何？

A74

サイ

解説

一番後ろ
↓最後尾
↓さいこうび
↓サイ交尾

Q75

1千万円の超高級ワインを飲もうとしたところ、いきなりその価値が1万円に下落した。いったいなぜ？

A75

栓を抜いたから

解説

1千万円（のワインの）栓を抜く
↓1千万円のせんを抜く
↓1千万円の千を抜く
↓1（千）万円

Q76

「おす」と気持ちいいけど、
「おとす」と割れてしまうものって何？

A76

ツボ

解説

気持ちいいのは「指圧のツボ」、割れてしまうのは「器のツボ」。

Q77

囲碁の勝負を8回すると、いつも決まって3対5で負けるのは誰？

A77

サンタクロース

解説

3対5で負ける
↓さんたいごでまける
↓サンタ囲碁で負ける

Q78

日本のある場所を、63日かけて旅行した。
いったい、旅行したのはどこ？

A78

九州

解説

63日＝7日×9＝9週

↓きゅうしゅう

Q79

「カニ」と「ふぐ」と「すっぽん」を
冷凍庫に入れたところ、
一つだけ全然冷凍できなかったものが。
それは何？

A79

ふぐ

解説

「カニ」と「すっぽん」には甲羅があるが、「ふぐ」にはない
↓ふぐだけは甲羅ない
↓こうらない
↓こおらない

Q80

西郷隆盛は、
食事のシメに必ずあるものを食べていたという。
それは何？

A80

うどん

解説

西郷隆盛
↓西郷どん
↓さいごうどん
↓最後（＝シメ）うどん

Q81

「美容師」「料理人」「医師」の中で、
自分の国で作られた道具しか使わない人は誰？

A81

料理人

解説

自分の国で作られた＝国産
↓こくさん
↓こっくさん

Q82

みんなで「オナラを一回だけする」儀式ってどんな式?

A82

閉会式

解説

オナラを1回
↓屁1回
↓へいっかい
↓へいかい

Q83

魚の学校の運動会で、
イカにばかり声援を送っている先生がいた。
さて、この先生の担当教科は何？

A83

家庭科

解説

イカに声援
↓勝て！イカ！
↓かていか

Q84

「メリーゴーラウンド」という名前の週に1日しか開店しないバーがあった。さて、このバーの開店日は何曜日？

A84

木曜日

解説

メリーゴーラウンドは日本語で「回転木馬」
↓「かいてんもくば」
↓「かいてんもく ばー」
↓「開店木バー」

Q85

いろいろな占いがある中で、みんなが良いといって薦めるのは何占い？

A85

水晶占い

解説

みんなが良いと薦める
↓推奨
↓すいしょう

Q86

2階建てバスに乗るとき、
1階は避け、全員が2階に乗るのはどこの国?

A86

ノルウェー

解説

2階に乗る
↓上に乗る
↓のる うえ
↓のるうぇー

Q87

アメリカで本を買ったら、
以前読んだことのある本だった。
さて、この本の値段、いったいいくら?

A87

4
$

解説

以前読んだことのある
↓既に読んでる
↓よんどる

Q88

強い意志をもって禁酒を続ける男性が、宴会の席で披露したかくし芸は何？

A88

ものまね

解説

禁酒
↓酒を勧められても強い
意志で「もう飲まねぇ」
↓「も（う）のまね（え）」
↓ものまね

Q89

桃とイチゴが手品を披露。
さて、上手だったのはどっち?

A89

桃

解説

イチゴは種が
見え見えだった。

Q90

海の中での生存競争に生き残り、偉そうにしている魚は何？

A90

サバ

解説

生存競争＝サバイバル
↓さば いばる（威張る）

Q91

陸上競技のうち
「三段跳び」「走り幅跳び」
「棒高跳び」「走り高跳び」の
男子選手は、他の競技の選手から
「変態！」と言われている。
いったいなぜ？

A91

女装するから

解説

助走
↓
じょそう

Q92

大学で、頭のいい学生が9％しかいないのは何学部？

A92

理工学部

解説

頭のいい学生が9％
↓利口な学生が9％（＝9分）
↓りこうが9分
↓りこうがくぶ

Q93

2匹そろうと、とっても元気よく動き回る日本の妖怪って何?

A93

カッパ

解説

とっても元気よく動き回る
↓活発
↓カッパツ
↓かっぱツー
↓かっぱ2

Q94

世界の主要都市の代表が集まって
クイズ大会を開いた。
答え合わせをしたところ、
ほとんど不正解だったのはどこの代表？

A94

アテネ

解説

ほとんど不正解
↓合っていない
↓あってねえ
↓あてね

Q95

自分が知らない植物を指さして「あれがフキだよ」と教えている人って、どんな人？

A95

ほら吹き

解説

指さして「あれがフキだよ」
↓「ほら、(あれが)フキだよ」
↓ほらふき

Q96

「東京23区対抗クイズ合戦」で、全問正解したのは何区の代表？

A96

港区

解説

全問正解
↓すべて解く
↓みな解く
↓みなとく

Q97

汽船は汽船でも、煙を吐かずに、煙を吸い込む「きせん」は何？

A97

換気扇

解説

かんきせん・・・

Q98

「とっても素晴らしい」と呼ばれている道具って何?

A98

ステッキ

解説

とっても素晴らしい
↓素敵
↓すてっき

Q99

振ったけど当たらないのは「空ぶり」。
では、ふったときすごい音がするのは
「何ぶり」？

A99

土砂降り

解説

ふったとき↓降ったとき

Q100

すぐそばにある布きれって何?

A100

ふきん

解説

すぐそば
↓付近
↓ふきん

100

応用編

はじめる前に

本編は「応用編」と題し、「引っかけ・いじわる」から、「漢字」「英語」「隠れヒント」「法則」そして、「海外のなぞなぞ」と、頭の使い方も実にバラエティに富んだなぞなぞの世界を堪能していただきます。

さて、「入門編」ではコラムの中で「国連」という語を使って「なぞなぞの作り方」をご紹介しましたが、今回は「魚売り場」という語を用いてなぞなぞ作りにチャレンジします。

手順1　まずはことば選び。今回は「魚売り場」。

手順2　「ひらがなに直す」と、「さかなうりば」。

手順3　これをダジャレにしてみます。「さかなうりば」…区切る場所を変えたりしながら何度も読んでいると、例えば思いつくのが「サッカー、ナウ、リバー」。英語です。

手順4　もとのことば「魚売り場」と、今考えたダジャレ「サッカー、ナウ、リバー」を結ぶストーリーを考えましょう。

…でも、どうも無理そうです。

そこで、今回は新しいなぞなぞの作り方をご紹介します。

それは、「徹底！観察法」です。「さかなうりば」を徹底的に観察します。そして、もとのことばである「魚売り場」と一緒にストーリーに織り込めそうなことばを探します。

すると、「さかなうりば」。傍線部に注目してください。

なんと「さ」と「ば」がいるではありませんか。「さば」です。

「魚売り場」と「さば」。

ストーリーがもうできたも同然、じつに自然な組み合わせです。整理します。「さかなうりば」の先頭と最後の文字を合わせると「さば」。ですが、「先頭と最後」が気に入りません。もっとスッキリ別の言い方はできないか。

では「端っこ」と考えるとどうでしょう。

「魚売り場の端っこに鯖がいる」。無理のないストーリーができました。

次に、これを問題文に変えてみるとなぞなぞの完成です！

Q. 魚売り場の端っこに置かれている魚って何?

A. 鯖

「さかなうりば」以外にも、〝端っこ〟に注目すると何かが隠れていることばはまだまだあります。気づいたらメモしておくと、なぞなぞ名人への近道です。

例えば、「雨宿り」「四列目」「保育園」などの端っこには誰がいる(何がある)かわかりますか?

「徹底!観察法」は、漢字のなぞなぞ作りにも応用できます。見慣れた漢字も、意味や使い方など、すべてを忘れて眺め、観察していると、何か別のイメージが見えてくるときがあります。それが「徹底!観察法」の極意です。例えば「寺」という漢字。じっと眺めてみましょう。何か見えてきませんか?どんな問題になったかは本文でお楽しみください。

そして、「徹底!観察法」が最大の効果を発揮するのが、「隠れヒント」系のなぞなぞです。

「隠れヒント」とは、問題文の中に「この問題はこうやって解いてください」という、答えに直結するようなヒントがことばを変えて隠されているなぞなぞです。徹底的に観察することに加え、ヒントのパターンをいくつか頭の中に叩き込んでおくことが攻略への近道です。実際の問題例でヒントの基本パターンを見ていきましょう。

Q. ナンパ男が徳島で口説くのはどんな女性？

まずは、使われていることばをよく観察してみます。「ナンパ男」「徳島」「口説く」。そして「隠れ（ていそうな）ヒント」を探すわけですが、これには一つの特徴があります。

このクイズにおける「ヒント」とは、ことばや文字の入れ替え、置き換え、位置関係などを指示する場合が多いのです。

これを覚えておくと便利です。

すると、「口説く」ということばが「くどく」→「『く』どく」→「『く』が退く」であるとわかります。

「く」が入っていることばが「徳島」ですから、「徳島で口説く」とは、「とくしま」から「く」を取り除くこと。

そうすると答えは「**年増（としま）**」となるのです。

他に「隠れヒント」系で使えるものとしては、「我が家」→「『わ』が『や』に替わる」や、「香」→「『か』を『り』に替える」等たくさんあります。

こうした差し替えを指示することば以外にも、「なか」「まわり」「まえ」「あと」「せんとう」など、位置そのものを指示することばもヒントになりやすいものとして覚えておいてください。

では、バラエティに富んだ本編、「徹底！観察法」を使って活脳力に磨きをかけてください。

Q101

マラソンで3位の人を抜いたら、何位に上がる?

A101

3位

解説

「上がる」などと言われると、うっかり2位と答えてしまいがち。でも、3位を抜くということは、今4位にいるわけで、1人抜いたら3位になる。

Q102

どこの家でも、
ソファの下に必ずあるものって何？

A102

ミレド

解説

♪ドシラソファミレド♪
↓「ソファ」の下には「ミレド」

Q103

カエルとウサギとバッタの子どもが、ジャンプ大会をしました。ダントツでビリだったのは誰の子?

A103

カエルの子

解説

カエルの子はオタマジャクシなのでジャンプができない。

Q104

6人でかくれんぼをしています。
3人見つかりました。
では、まだ隠れているのは何人？

A104

2人

解説

残りの3人のうち、1人は鬼だから。

Q105

たけし君のお母さんには4人の子どもがいます。
上から「一郎」「二郎」「三郎」。
では、あと1人の名前は何？

A105

たけし

解説

「四郎」ではありません。たけし君の兄弟ですからたけし君を忘れてはいけません。

Q106

宅配ピザ店のお兄さんが、
ミックスピザとサラダとコーラを
バイクで配達していました。
すると突然の急カーブ。
さて、このときお兄さんが思わず
落としてしまったものは何？

A106

スピード

解説

急カーブなのでスピードを落とした。

Q107

世界各国からの来賓を招いての親睦パーティー。
その最中に突然大きな地震が!
真っ先に「大丈夫! 落ち着いて!」と叫んだのは、
どこの国の人?

A107

日本

解説

「大丈夫！落ち着いて！」は、日本語だから。

引っかけ・いじわる編

Q108

女の子が女へと成長するためには、
ある道具が必要です。
さて、その道具とは何?

A108

ノコギリ

解説

「おんなのこ」が「おんな」になるためには、語尾の「のこ」を「切る」必要がある。つまり「のこ切り」。

Q109

7を3つ使って8を表しなさい。

A109

$$7\frac{7}{7}$$

解説

$$7+\frac{7}{7}=7+1=8$$

Q110

どんなものでも、
5個から1個とると4個残ります。
では、5つから1つとると
6つになるものって何?

A110

年齢

解説

「とる」はとるでも
「歳をとる」でした。

Q111

皿の上にシシャモが3匹。
そこへドラ猫がやって来て、
シシャモを1匹くわえて去って行った。
今皿の上にはシシャモが何匹残っている?

A111

4匹

解説

1匹くわえていった
↓1匹加えていった
↓1匹増えた

Q112

高層ビルの窓から外に向かって飛び降りたのに、何のケガもなく、無事でした。いったいどうして？

A112

高層ビルの1階の窓だった。

解説

でも、危険な場合もあるのでマネはしないでください。

Q113

綿1kgが入った布団と、鉄の塊1kgでは、どっちが重い？

A113

布団

解説

綿を入れる布団の生地の分だけ、鉄よりも重い。

Q114

おやつが3じなら、食事はなんじ?

A114

2じ

解説

「お」「や」「つ」は3字。
「食」「事」は2字。

Q115

ビルが火事になったとき、
一番先に避難した人は
いったいどこから逃げ出した?

A115

火事になったビル

解説

玄関から逃げ出したのか窓から逃げ出したのかはわからないが、一つだけハッキリ言えることは、火事になったそのビルから逃げ出したということ。

Q116

地球上で、「石が少ない場所」といわれるのはどこ?

A116

砂場

解説

「石が少ない」
↓「石」「少」を合わせる
とできる漢字は？

Q117

空を見るといつもそこにいる虫って何？

A117

ハエ

解説

漢字の「空」をよく見てみると、「ハ」と「エ」が隠れている。

漢字編

Q118

木の上に立って、こっちを見ている人がいます。
誰でしょう?

A118

親

解説

「親」という漢字をパーツに分けてみると、「木」「立」「見」が隠れている。

漢字編

Q119

王様が魔法使いの手で
「ツノ2本」「しっぽ1本」の動物に
変えられてしまいました。
さて、その動物って何？

A119

羊

解説

「王」という漢字に、

「ツノ2本」、「しっぽ1本」

付けると、

「羊」という漢字になる。

Q120

あるお寺で、
立て替えのための解体作業が始まりました。
すると、お寺はあっという間に真っ二つに！
さて、このときいったいどんな音がした？

A120

ドスン

解説

寺という字を真っ二つにすると「土（ど）」と「寸（すん）」。

漢字編

Q121

大きな氷を、温めたり砕いたりせずに
一瞬で水にするにはどうすればいい？

A121

氷という漢字の「丶」を消す。

解説

大きいのは、「氷」という漢字でした。

漢字編

Q122

ここに2人の悪人がいます。
この2人を、4本の線を使って、
悪さができないようにしなさい。

人

人

A122

囚人

（上の「人」を□で囲う）

解説

すると2人は「囚人」となる。

漢字編

Q123

三角形に直線を2本引いて、五角形にしなさい。

A123

三を五に変える

解説

「三」という漢字にたて線2本を加えると「五」になる。

Q124

朝、昼、夜。
いつも月が見えているのはいつ？

A124

朝

解説

「朝」という漢字は右側部分に「月」がいつも見えている。

漢字編

Q125

福岡県から山形県へ行くのに、
たった1つの県だけを通って行く
方法があります。
その県とは、いったいどこ？

A125

岡山県

解説

県名の漢字しりとり。
福岡→岡山→山形と、
岡山だけを通る。

Q126

左の図の中より、最も画数の多い漢字を探し、答えなさい。

虫	玉	円
矢	井	目
行	米	白

A126

囲(井の字入り)

解説

「左の図」といっているので、
外枠も含めて考える
↓真ん中の「井」は外枠
を入れると「囲」になる。
すると、7画で一番多い。

英語編

Q127

アメリカでお店を経営している昆虫って何?

A127

蚊

解説

経営
↓ケイエイ
↓（アメリカだから英語で）
KA
↓これをローマ字読みすると、「か」

英語編

Q128

友だちに電話をかけたらお母さんが出て
「睡眠中」だという。
でも、電話からは友だちの元気な声が
聞こえてくる。
さて、友だちは実際には何をしていた?

A128

水泳

解説

「すいみん中」ではなく、「swimming中」の聞き間違いだった。

Q129

アメリカ人のマジシャンによる手品。
手の中に酢を一滴たらすと・・・あら不思議！
ある道具が現れました。
その道具とは何？

A129

つえ

解説

アメリカ人だからアルファベットで考える。「TE」の中（＝間）に「SU」を入れると「TSUE（つえ）」。

英語編

Q130

小さいんだか大きいんだか、
大きさがどっちだかわからない乗り物は何?

A130

S
L

解説

Sサイズなのか Lサイズなのか…。

英語編

Q131

ＯＬが愛を込めて彼氏にプレゼントするものって何？

A131

オイル

解説

「OL」が「I」を込めると「OIL」。

Q132

英語編

山の手線に乗っていた外国人が、
ある駅名の表示を見て、
「KとA！2文字の駅名ダ！」と叫びました。
さて、ここは何駅？

A132

神田

解説

「KとA」
↓「K and A」
↓「KANDA」
↓「かんだ」

英語編

Q133

山の手線に乗っていた外国人が、
ある駅名の表示を見て、
「three boxes and three lines
（3つの箱と3本の線）！」と叫びました。
さて、ここは何駅？

A133

品川

解説

「3つの箱」＝品
「3本の線」＝川

英語編

Q134

アメリカから事故のニュースが入ってきました。オイルを満タンに積んだタンクローリーが逆さまにひっくり返ってしまったそうです。さて、このタンクローリーが積んでいたオイルは何リットル？

A134

710リットル

解説

アメリカだから「オイル」は「OIL」。これを逆さまにひっくり返してみるとよ……(横書きにしてみるとよくわかる)。

英語編

Q135

動物たちの学校では、生徒に出席番号が付いています。では、いつも逆立ちをしているNO.17はどんな動物？

A135

ライオン

解説

「NO．17」が逆立ち（＝逆さまに）すると、LION となる（これも横書きにしてみて！）。

英語編

Q136

アメリカ人のトムが、お父さんに
「動物園に2回、海に1回連れてって！」
と頼んだところ、
叱られてしまいました。
さて、何と言って叱られた？

A136

ずうずうしい!

解説

「動物園に2回 海に1回」
↓「zoo zoo sea」
↓「ズーズーシー」
↓「ずうずうしい」

Q137

ママが笑顔になったとたん、ある果物に変身してしまいました。さて、その果物とは何？

A137

桃

解説

ママ（mama）が「えがお（aがo）」に
↓mama
↓momo
↓もも

Q138

あやや（松浦亜弥）が
思わず中を気にしてしまう建物って何？

A138

空き家

解説

「あやや」の中を「き」にすると
↓「あきや（空き家）」

Q139

さいたま市に住む
サトル、タケシ、マサルの3人。
さて、彼らの職業は何?

A139

医師

解説

「さいたまし」の「さ」取る、「た」消し、「ま」去ると
↓「いし」

Q140

バスの中で70人の乗客が飲んでいるものって何？

A140

バナナジュース

解説

「バス」の中に「ナナジュウ」

↓「バナナジュウス」

Q141

フラミンゴの身の周りにいつも咲いている花って何?

A141

ラン

解説

「フラミンゴ」の「ミ」の周りには「ラ」「ン」。

Q142

トモエ、ハルカ、ミユキの姉妹。
さて、その職業は何？

A142

絵描き

解説

それぞれの名前の「しまい（終い）」を読むと「エ」「カ」「キ」。

隠れヒント編

Q143

クマの毛を抜くと、
突然他の動物に変身しました。
いったい何になった?

A143

ウマ

解説

クマ（KUMA）から毛（K）を抜くと、ウマ（UMA）になる。

Q144

茨城県、和歌山県、静岡県の
銭湯で泳いでいる魚って何?

A144

イワシ

解説

それぞれのセントウ(先頭)にいるのは「い」「わ」「し」。

Q145

牛丼屋さんからの出題！
店内の牛丼をすべて集めると
重さはどれくらい？

A145

9トン

解説

店内の牛丼
↓「点（濁点）無い」の「ぎゅうどん」
↓きゅうとん

隠れヒント編

Q146

滝の中にある小屋で
あるものを売り出したところ大ヒット！
さて、売り出したあるものとは何？

A146

たこ焼き

解説

滝の中にある小屋
↓「タ」「キ」の中に「コヤ」
↓「タ」「コヤ」「キ」
↓たこやき

Q147

亀田興毅、横峯さくら、小西真奈美、
小池徹平、国生さゆりの5人。
さて、この後何をする？

A147

海に行く

解説

5人の「こ」の後は「う」「み」「に」「い」「く」。

Q148

トカゲ、キツネ、カラスが
恥を捨てて買いに行ったものって何?

A148

カツラ

解説

それぞれの名前のはじ（端）を捨てると「カ」「ツ」「ラ」。

Q149

皿の真ん中にイチジクを置くと、
とたんにきれいな花に変身。
その花とは何？

A149

桜

解説

イチジクは「一字〝ク〟」。つまり「サ」「ラ」の真ん中に「ク」を置く。

Q150

窓の外に小鳥がやって来ました。
その鳥って何？

A150

コマドリ

解説

窓の外に小鳥
↓「まど」の外に「こ」と「り」
↓「こまどり」

隠れヒント編

Q151

宇宙人が言いました。
「アノ　ニホンジンヲ　ホカクシテ
タベモノニカエテシマエ！」
さて、日本人はいったい何に変えられた？

A151

にんじん

解説

「ニホンジンジン」を「ホカクして」（＝「ホ」隠して）
↓「ニホンジンジン」の「ホ」を隠す
↓「ニンジン」
↓にんじん

Q152

教室の黒板が腐ったらみんなが大喜び！
さて、黒板は腐っていったい何になった？

A152

小判

解説

黒板が腐る
↓「こくばん」が「く」去る
↓「こばん」

Q153

秋、夏、春、冬の順で四季がやってくる場所はどこ？

A153

国語辞典の中

解説

国語辞典のことばは50音順に並んでいるから。

Q154

細かくすると、重くなるものは何？

A154

お金

解説

例えば千円札を細かくして百円玉10枚に両替すると重量は増す。

Q155

逆立ちすると、1.5倍の大きさになるものとは何？

A155

数字の6

解説

逆立ちすると「9」になり、
1.5倍となる。

Q156

1つだと赤くて、2つだと白くなるものは何？

A156

(仮名の)ち

解説

1つだと「ち（血）」、
2つだと「ちち（乳）」。

Q157

お父さんを鏡に映すと、ある植物に見えます。
その植物って何?

A157

笹

解説

平仮名の「ちち」を鏡に映すと「ささ」に見える。

Q158

時計の針が7時22分をさす頃にしたくなることって何?

A158

屁

解説

時計の針の形が「へ」に見えるから。

Q159

嫁に行った娘から、
母親の元にこんな手紙が届きました。

母から、ハハになりました

いったいどんな意味？

A159

二人目の子どもが生まれた

解説

一字（児）の「母」から、二字（児）の「ハハ」になったというメッセージ。

Q160

ハジメくんとタダシくんと、ショウイチくんが、学級委員の選挙に出ました。さて、票を一番多く集めたのは誰？

A160

ショウイチくん

解説

3人の名前を漢字にすると、
ハジメ→「一」
タダシ→「正」
ショウイチ→「正一」
というわけで、一番多く票を集めたのは、6票のショウイチくん。

Q161

インドでは大食いだった旅人が
フィリピンに行ったら少食になりました。
いったいなぜ？

A161

胃が小さくなったから

解説

「イ」ンドからフ「ィ」リピン。
「イ」が小さくなった。

古くて新しい！室町時代のなぞなぞ

ところで、なぞなぞって日本ではいつ頃から作られるようになったかご存じですか？

ここで一つ、古〜いなぞなぞをご紹介しましょう。

Q．母には二度逢ひたれども父には一度も逢はず。

どれくらい古いかといいますと、このなぞなぞは、室町時代の真っただ中の1516年、のちの後奈良天皇（当時は皇太子）が当時のなぞなぞから秀作194編を集めて作ったなぞなぞ集「後奈良院御撰何曾《ごならいんぎょせんなぞ》」に収められている作品の一つです。

いつ頃から作られるようになったかはわかりませんが（一説には平安時代とも）、少なくとも室町時代にはなぞなぞが存在していたことがわかります。

現代語に直しますと、

Q．「母には2度逢ったけど、父には一度も逢わなかった。（これってなあんだ？）」

となり、答は、「**くちびる**」です。

解説しますと「〝母〟と発音するときにはくちびるが二度合わさるけど、〝父〟と発音するときには一度も合わない」ということ。

ちょっと待ってください。これって何か変ですよね。「はは」と発音しても、上下のくちびるは接触しません。

ところが、このなぞなぞは少しも間違ってはいません。それどころか、これが一つの証拠となって、じつは驚くべき事実がわかってくるのです。

当時の「ハ行」、つまり「はひふへほ」は、今の発音とは異なり、「ぱぴぷぺぽ」に近い発音だったというのです。なるほど、「ぱぴぷぺぽ」なら、くちびるは合います。だからこそ、このなぞなぞが作られたのです。

「母」は「ぱぱ」のように発音されていたのです。何だか不思議ですよね。でも、「日本」を「にっぽん」と読んだり「にほん」と読んだりするのも、こうしたことの名残なのかもしれませんね。

この「ぱぴぷぺぽ」が、「ふぁふぃふぅふぇふぉ（正しい発音の仕方はわかりませんが、とにかく発音しづらい！）」を経て、今の「はひふへほ」になったといいます。口語（しゃべりことば）というものは、発音しづらいものが、楽に発音できる方向へと徐々に変化していく傾向にあるのだそうです。

なぞなぞが、ことばの歴史の証拠や資料になっているなんて、面白いですよね。

さあ、せっかくですからこのコラムのあとで「後奈良院御撰何曾」に収められているなぞなぞを解いていただきます。が、まずはその前に、準備として、室町時代のなぞなぞを解くための基礎的なテクニックを学んでおきましょう。

《室町時代のなぞなぞを解くコツ》

現代のなぞなぞに「たぬきシリーズ（私が勝手にそう呼んでいる）」というものがあります。

例えば「タヌキの肩たたき。ごほうびにもらえる果物は何？」。

答えは「柿」です。

「たぬき→た抜き」ですから「かたたたき」から「た」を抜いて「かき」ということになります。

他にも「小鳥→こ取り」、「こけし→こ消し」、「はがき→『は』が『き』に変わる」、「てがみ→『て』が『み』に変わる」などがあります。

これと同じ発想で解いていくなぞなぞが、「後奈良院御撰何曽」の中に既にあるのです。

・「かへる」＝「かえる」→「（逆方向に）返って読む」

・「腐る」→「くさる」→「く去る」

現代でも「滝の中の小屋は何屋さん？」などのなぞなぞがありますが

→「た」「き」の間に「こや」→「たこやき」

と同じように、室町時代のなぞなぞも「ABの中にC」ときたら「ACB」と置き換えます。「〜の中（なか）」以外に「〜の内（うち）」なども同じ。

これを踏まえて、何問か練習問題にチャレンジしてみましょう。

できるだけ原文の雰囲気を残しつつ、一部を現代仮名遣いに書き換えてみました。

また、室町時代のなぞなぞは、一つ一つに「…は何？」と、疑問形の文末が付いていませんが、これは省略されていると考え、最後に「とは何ぞ」、つまり「これってなあんだ？」を補いながら考えてみてください。

◎練習問題◎

Q1.「海中（うみなか）の蛙」

なかなか高度な問題です。『海中」は「う」と「み」の間とわかります。では、「う」「み」とは何でしょう？

これが漢字で書くと「卯」「巳』。つまり「十二支」のこと。「卯」「巳」の間にあるのは…「卯辰巳」で、「辰（たつ）」。

「うみなかのかえる」とは、「たつのかえる」つまり、「たつを逆に読め」ということで、答えは「**つた**（**蔦**）」となるのです。

けっこう複雑ですが、おわかりいただけたでしょうか。

次はこちら。

Q2. 「嵐は山を去って軒の邊（辺）にあり」

＝嵐は山を去って（今）軒のあたりにいる

まず「嵐」は「山」を去りますから、「嵐」の上の「山」を取って「凪」。「軒の邊」とは「軒」の「へん（偏）」で「車」のこと。

つまり「凪」と「車」で「**凪車**」が正解。

では、室町時代のなぞなぞ、続きをお楽しみください。いにしえの日本人が拾い集めたなぞなぞが、５００年近くの時を経て、現代に蘇ります！

Q162

上を見れば下にあり
下を見れば上にあり
母の腹を通って子の肩にあり

A162

一

解説

「上」「下」「母」「子」という漢字に含まれている「二」のこと。

Q163

紅の糸腐りて虫となる

A163

虹

解説

「紅」の「糸」（へん）が腐って（＝消え去って）虫（へん）になると…。

Q164

梅の木を水にたてかへよ

A164

海

解説

「梅」の「木」(へん)を「水」(＝さんずい)に変えると…。

Q165

十里の道を今朝かへる

A165

にごり酒

解説

十里の道を（二×五里）＋「けさ」かえる（＝「けさ」を返って読む）
↓にごり＋さけ

Q166

竹の中の雨

A166

流鏑馬（やぶさめ）

解説

竹の中＝（竹）藪＋雨
↓藪雨
↓やぶさめ

Q167

海の道十里にたらず

A167

蛤(はまぐり)

解説

「海の道」とは「浜」のこと。
「十里に足らず」とはおよそ「九里」。
↓浜九里
↓はまぐり

Q168

春の農人

A168

襷（たすき）

解説

「春」は農民が「田を鋤き返す季節」。
↓田鋤き
↓たすき

Q169

風呂のうちの連歌

A169

袋

解説

「風呂のうち」＝「ふ」「ろ」の間。「連歌」とは「句（く）」。

↓「ふ」「句」「ろ」

↓ふくろ

Q170

隠
せ

A170

白砂（しらすな）

解説

「隠せ」＝「知らすな」
↓しらすな

Q171

車の上に輿（こし）はおとれり

A171

櫛（くし）

解説

「車の上」とは「くるま」の上、即ち「く」の字。「輿はおとれり」とは「こし」の「尾採れり」、つまり「尾（し）を採用」。「く」＋「し」。

Q172

田

A172

もみぢ

解説

「田」は稲の籾（もみ）をまく「地」。つまり「籾・地」
↓「もみぢ」

Q173

腹の中の子の声

A173

柱

解説

「子の声」とは、「子という
漢字の音読み」なので「し」。
つまり、「は」「ら」の中の「し」
↓「は」「し」「ら」

Q174

なかにし礼は0、萩本欽一は1、
鳥羽一郎も1、坂上二郎は2。
では、北島三郎は?

A174

2

解説

濁点の数。
なかにしれい↓0
はぎもときんいち↓1
とばいちろう↓1
さかがみじろう↓2
きたじまさぶろう↓2

Q175

ネコは0点、イヌは1点、クマは4点。
では、ツルは?

A175

4点

解説

漢字にしたときの点の数。
猫↓0点
犬↓1点
熊↓4点
鶴↓4点

Q176

梨は0、バナナは1、パイナップルは2。
では、グレープフルーツはいくつ？

A176

1

解説

発音するときに上下の唇がくっつく回数。

法則編

Q177

口は3、目は4、では鼻はいくつ？

A177

9

解説

口は「味覚」
↓み（＝3）覚
目は「視覚」
↓し（＝4）覚
鼻は「嗅覚」
↓きゅう（＝9）覚

Q178

1＋10＝1
6＋8＝3
9＋9＝2
では、
8＋9＝?

A178

3

解説

数字の中にある◯（線で囲まれた部分）の数。

Q179

□にあてはまる共通のアルファベットは？

IRH□HHTCR□RO・・・

A179

N

解説

「いろはにほへと　ちりぬるを…」をローマ字にして、頭のアルファベットを表記したもの。

Q180

蚊はレッド、
熊はデビル、
酢はトゥモロー、
では、玉は?

A180

ヘッド

解説

頭に〝あ〟をつけると、
あ蚊→あか→赤＝レッド、
あ熊→あくま→悪魔＝デビル、
あ酢→あす→明日＝トゥモロー、
あ玉→あたま→頭＝ヘッド、
となる。

法則編

Q181

次の三つに共通する「ある法則」とは何？

犬ー神

10ー網

目ー目

A181

英語にすると、文字の並び方が反対

解説

犬－神（DOG－GOD）
10－網（TEN－NET）
目－目（EYE－EYE）

Q182

左の文字は、あるものの順番を表しています。
□に入る文字は何でしょう?

おひな□こ

A182

く

解説

指の呼び方の頭文字。

「お」↓親指

「ひ」↓人差し指

「な」↓中指

「く」↓薬指

「こ」↓小指

法則編

Q183

左の文字は、あるものの順番を表しています。
□に入る文字は何でしょう？

お□きああし

A183

き

解説

期日の数え方の頭文字。
「お」→おととい
「き」→きのう
「き」→きょう
「あ」→あした
「あ」→あさって
「し」→しあさって

法則編

Q184

□に入る数字は何でしょう?

ハマグリ・・・2
帆立・・・・・1
生ハム・・・・4
骨付きカルビ・・3
ナスビ・・・・□

A184

2

解説

ひらがなに直したときに、丸い部分ができる数。
はまぐり…2（は、ま）
ほたて…1（ほ）
なまはむ…4（な、ま、は、む）
ほねつきかるび…3（ほ、ね、る）
なすび…2（な、す）

法則編

Q185

□に入ることばを、漢字3文字で書きなさい。

地位 ⇓ 一位
九月 ⇓ 六月
意見 ⇓ 拝見
十五 ⇓ 二十五
後者 ⇓ □

A185

歩行者

解説

元のことばに右から順番に
「いろはにほ」と、頭に付ける。
「い」ちい
「ろ」くがつ
「は」いけん
「に」じゅうご
「ほ」こうしゃ↓歩行者

Q186

□に入る数字は何？

フランス・・・4
インド・・・・6
イギリス・・・8
アメリカ・・・□

A186

6

解説

国名を漢字一文字で表記したときの画数。

仏…4画

印…6画

英…8画

米…6画

Q187

他⇓古⇓六⇓三⇓述⇓企⇓□

□に入る文字は、左のうちどれ?

外　山　広　大

A187

外

解説

カタカナで「いろはにほへと」が上から順に隠されている。

他…イ
古…ロ
六…ハ
三…ニ
述…ホ
企…ヘ
外…ト

法則編

Q188

左の漢字の中で、スケベな心を持っているものを5つ選びなさい。

山　田　大　中　台

今　昔　自　民　社

A188

田
中
台
今
自

解説

スケべな心＝下心がある→ということで、下に「心」が付けられる漢字（田→思　中→忠　台→怠　今→念　自→息）

Q189

□に入るアルファベットは何？

レモン ⇓ Y
トマト ⇓ R
牛乳 ⇓ W
きゅうり ⇓ □

A189

G

解説

それぞれの色を英語で表したときの頭文字。
レモン・黄色　…Yellow
トマト・赤　…Red
牛乳・白　…White
きゅうり・緑　…Green

Q190

左のアルファベットは、
あるものの順番を表しています。
□に入るものは何？

H
⇓
S
⇓
T
⇓
□

A190

M

解説

時代をさかのぼる順番をローマ字に表記したときの頭文字。
H…平成
S…昭和
T…大正
M…明治

法則編

Q191

左のアルファベットは、
あるものの順番を表しています。
□に入るものは何？

N
U
T
U
T
M
U
H
□
T
I
I

A191

S

解説

干支の呼び順をローマ字表記にしたときの頭文字。

N…ね　U…うし
T…とら　U…う
T…たつ　M…み
U…うま　H…ひつじ
S…さる　T…とり
I…いぬ　I…い

Q192

□に入るアルファベットは何?

n	e	w	s
⇓	⇓	⇓	⇓
k	□	n	m

A192

h

解説

英語の「方角」を日本語で「ローマ字表記」したときの頭文字。

s outh ⇒ minami（南）
w est ⇒ nishi（西）
e ast ⇒ higashi（東）
n orth ⇒ kita（北）

法則編

Q193

□に入る数字は何？

D	K	C	S
⇓	⇓	⇓	⇓
4	□	3	6

A193

3

解説

学校の年数を表した数。
S…小学校（6年）
C…中学校（3年）
K…高校（3年）
D…大学（4年）

法則編

Q194

天丼には1つ、カレーライスには2つ、みそ汁には3つあるものって何?

A194

音階

解説

天丼には「ド」、カレーライスには「レ」「ラ」、みそ汁には「ミ」「ソ」「シ」。

Q195

泣きと笑いの間にあるものは何？

A195

鼻

解説

「泣き（＝涙→目）」と「笑い（→口）」の間、つまり「目と口の間」。

Q196

二度目までは神様がくださるが、三度目は自分で買わなければならないものって何？

A196

歯

解説

「二度目まで」は「乳歯・永久歯」。三度目は、「入れ歯」。

Q197

水の中へ落ちていくけど
決して濡れないものは何？

A197

太陽

解説

「落日」とか「日が落ちる」などといいます。

Q198

樽につけると、
樽がだんだん軽くなっていくものって何?

A198

穴

解説

穴から中味がこぼれていくから。

Q199

歩きながら押すハンコって何?

A199

足跡

解説

左右2種類のハンコを交互に押します。

Q200

必ずお客さんの帽子を
脱がせてしまう職業は何？

A200

床屋さん

解説

帽子をかぶったままでは髪は刈れません。

◆参考文献

・「サルヂエ Vol. 1～7」(ワニブックス)
・「世紀末超なぞなぞクイズ」(KKベストセラーズ)
・「シリーズ世界のなぞなぞ1～3」(大修館書店)
・「ぴょこたんのなぞなぞ1616」(あかね書房)
・「御奈良院御撰何會」

活脳《かつのう》メガドリル200

入門編
応用編

著　者　　内海　邦一
発行者　　田仲　豊徳
編　集　　株式会社 牧野出版

発行所　　株式会社 土屋書店
〒150-0001 東京都渋谷区神宮前3-42-11
TEL 03-5775-4471　FAX 03-3479-2737
MAIL shop@tuchiyago.co.jp
印刷・製本　株式会社暁印刷

HP http://www.tuchiyago.co.jp